AF221645

Impressum
Verlag: BABADADA GmbH, Nedderfeld 112 , 22529 Hamburg
Geschäftsführer / Verlagsleitung: Harald Hof
Druck: Books on Demand GmbH, In de Tarpen 42, 22848 Norderstedt

Imprint
Publisher: BABADADA GmbH, Nedderfeld 112 , 22529 Hamburg, Germany
Managing Director / Publishing direction: Harald Hof
Print: Books on Demand GmbH, In de Tarpen 42, 22848 Norderstedt, Germany

škola

xue xiao

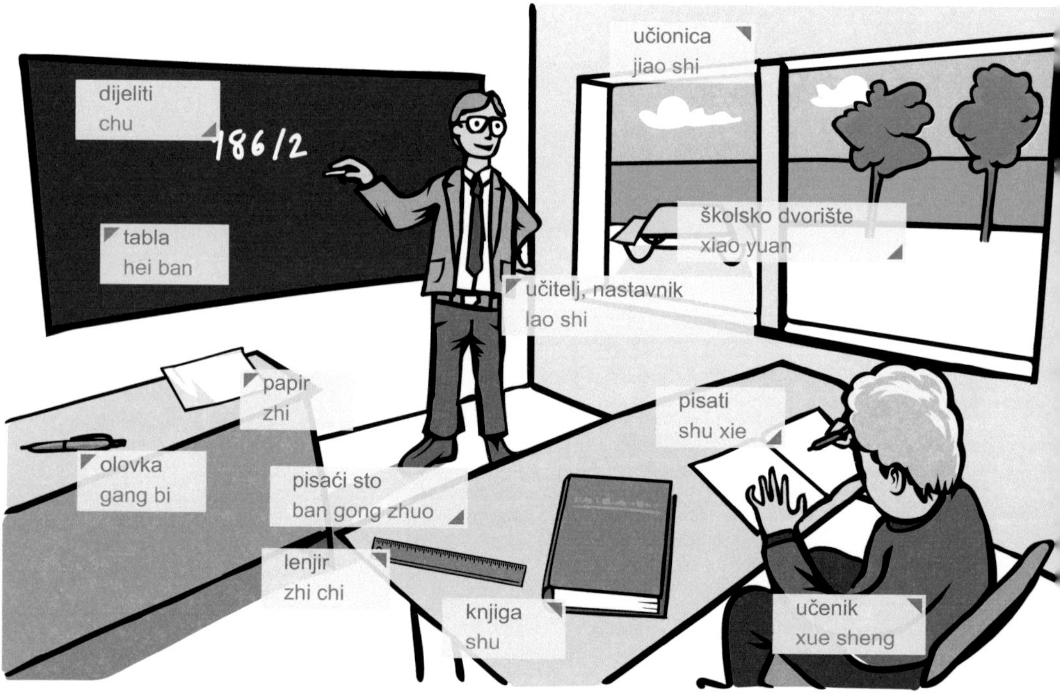
učionica
jiao shi
dijeliti
chu
186/2
tabla
hei ban
školsko dvorište
xiao yuan
učitelj, nastavnik
lao shi
papir
zhi
pisati
shu xie
olovka
gang bi
pisaći sto
ban gong zhuo
lenjir
zhi chi
knjiga
shu
učenik
xue sheng

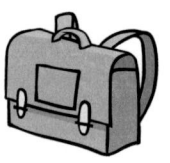

torba

shu bao

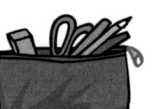

pernica

qian bi he

drvena olovka

qian bi

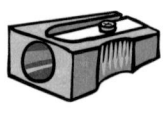

šiljalo za olovke

juan bi dao

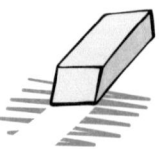

gumica

xiang pi ca

blok za crtanje

hua ban

crtež
....
tu hua

kist
....
hua bi

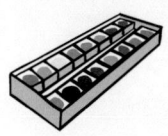

kutija s bojama
....
yan liao he

makaze
....
jian dao

ljepilo
....
jiao shui

vježbanka
....
lian xi ce

domaća zadaća
....
jia ting zuo ye

broj
....
shu zi

sabirati
....
jia

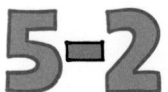

oduzimati
....
jian

množiti
....
cheng

računati
....
ji suan

slovo
....
zi mu

abeceda
....
zi mu biao

riječ
....
zi

tekst

ke wen

čitati

du

kreda

fen bi

sat

shang ke

školski dnevnik

deng ji

ispit

kao shi

svjedočanstvo

zheng shu

školska uniforma

xiao fu

izobrazba

jiao yu

leksikon

bai ke quan shu

univerzitet

da xue

mikroskop

xian wei jing

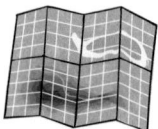

karta

di tu

korpa za papir

fei zhi kuang

putovanje
lü xing

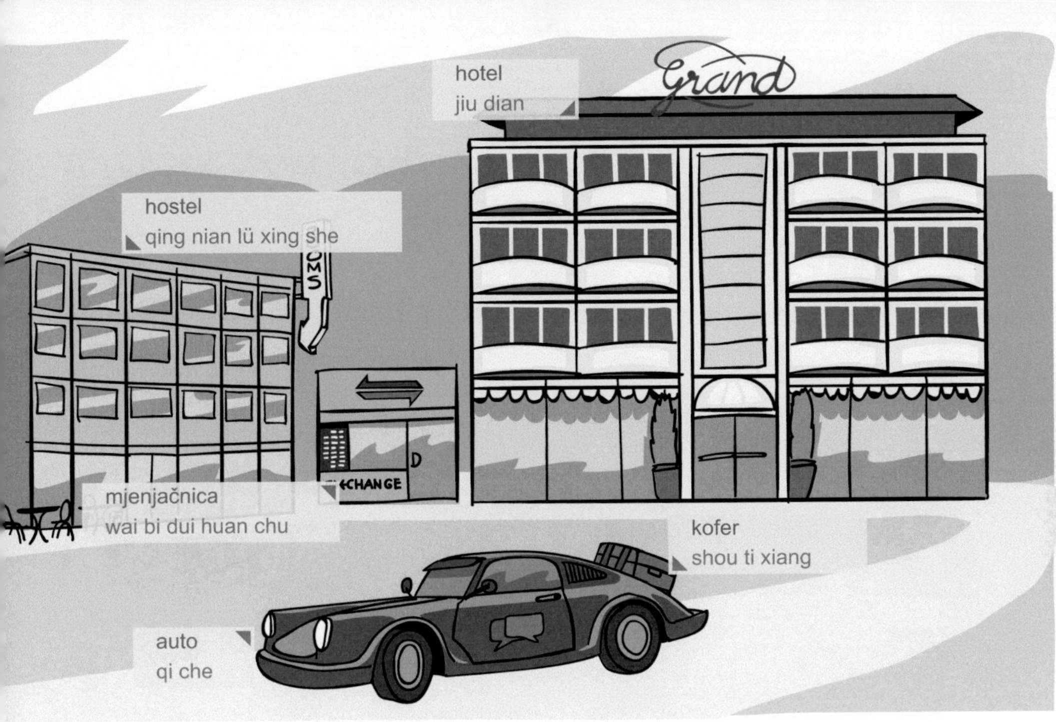

hotel
jiu dian
Grand
hostel
qing nian lü xing she
mjenjačnica
wai bi dui huan chu
kofer
shou ti xiang
auto
qi che

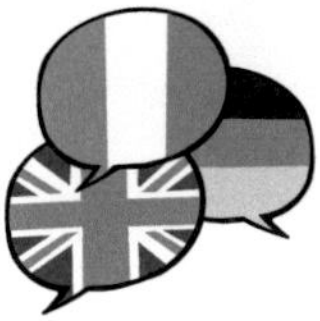

jezik

yu yan

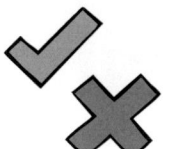

da / ne

shi/fou

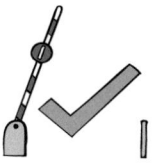

okej

hao de

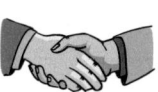

zdravo

nin hao

tumač

fan yi yuan

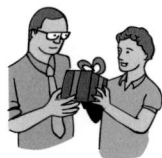

hvala

xie xie

Koliko košta...?

......duo shao qian?

Ne razumijem

wo bu ming bai

problem

wen ti

dobro veče!

wan shang hao!

Dobro jutro!

zao shang hao!

Laku noć!

wan an!

doviđenja

zai jian

smjer

fang xiang

prtljag

xing li

torba

bao

ruksak

shuang jian bao

gost

ke ren

soba

fang jian

vreća za spavanje

shui dai

šator

zhang peng

turističke informacije

lü you xin xi

plaža

hai tan

kreditna kartica

xin yong ka

doručak

zao can

ručak

wu can

večera

wan can

putna karta

piao

lift

dian ti

poštanska markica

you piao

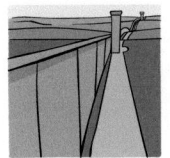

granica

bian jie

carina

hai guan

ambasada

da shi guan

viza

qian zheng

pasoš

hu zhao

transport

jiao tong yun shu

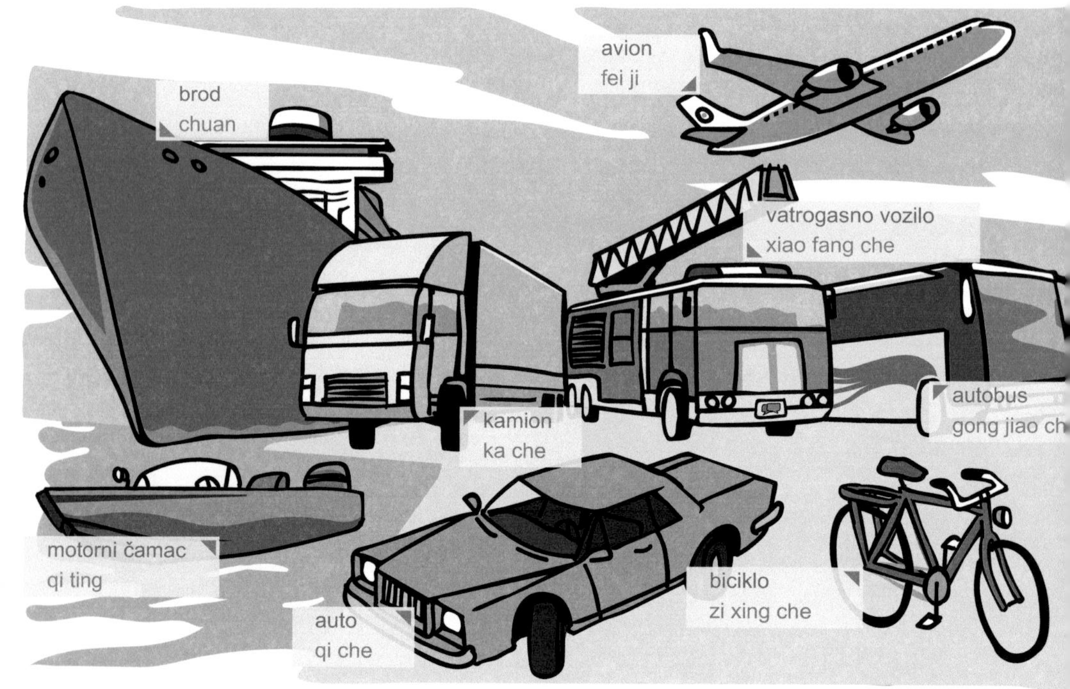
avion
fei ji
brod
chuan
vatrogasno vozilo
xiao fang che
kamion
ka che
autobus
gong jiao ch
motorni čamac
qi ting
biciklo
zi xing che
auto
qi che

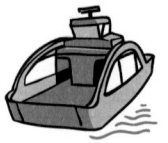

trajekt

bai du chuan

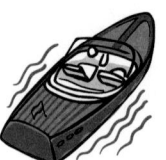

brod

xiao chuan

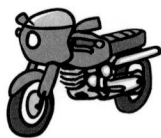

motocikl

mo tuo che

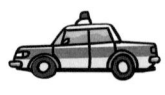

policijski automobil

jing che

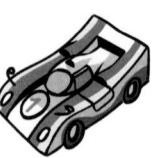

trkaći automobil

sai che

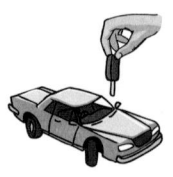

unajmljeni automobil

zu che

kar-šering

pin che

pauk

tuo che

smećarsko vozilo

la ji che

motor

fa dong ji

gorivo

qi you

benzinska pumpa

jia you zhan

saobraćajni znak

jiao tong biao zhi

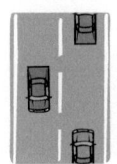

saobraćaj

jiao tong

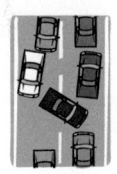

zastoj

jiao tong du sai

parking

ting che chang

željeznička stanica

huo che zhan

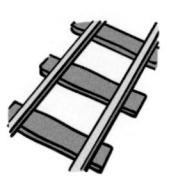

šine

gui dao

voz

huo che

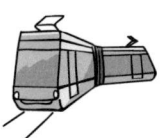

tramvaj

dian che

vagon

huo che

helikopter

zhi sheng ji

aerodrom

ji chang

toranj

ta

putnik

cheng ke

kontejner

ji zhuang xiang

karton

zhi ban xiang

tačke

shou tui che

korpa

lan zi

poletjeti / sletjeti

qi fei/jiang luo

grad

cheng shi

selo

cun zhuang

centar grada

shi zhong xin

kuća

fang zi

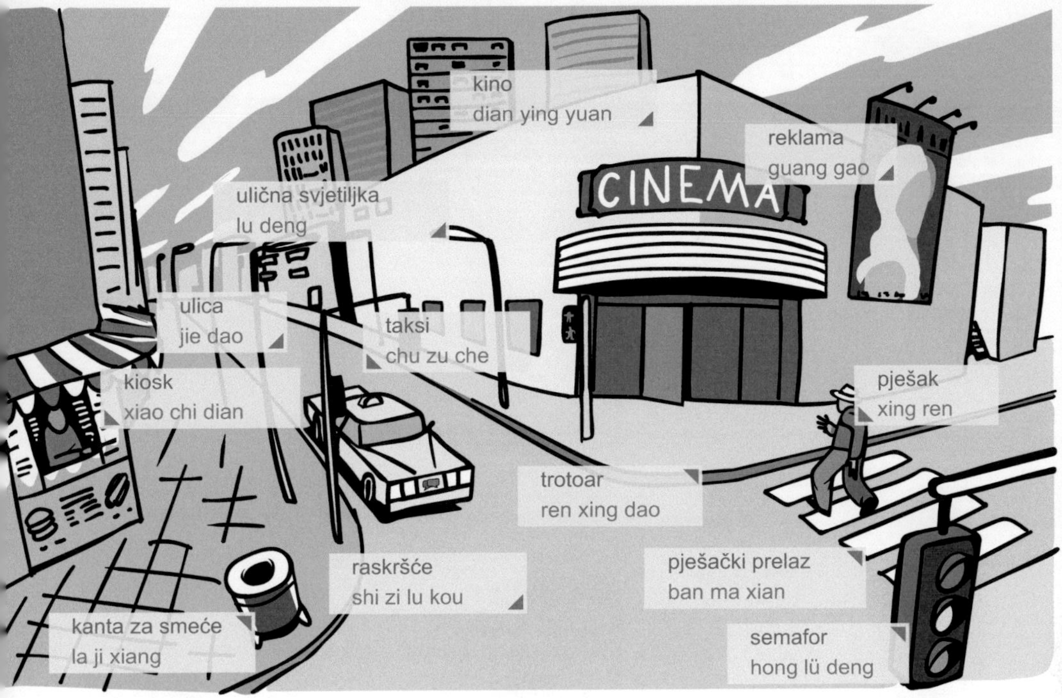
kino
dian ying yuan
CINEMA
reklama
guang gao
ulična svjetiljka
lu deng
ulica
jie dao
taksi
chu zu che
kiosk
xiao chi dian
pješak
xing ren
trotoar
ren xing dao
raskršće
shi zi lu kou
pješački prelaz
ban ma xian
kanta za smeće
la ji xiang
semafor
hong lü deng

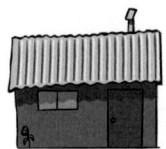

koliba

xiao wu

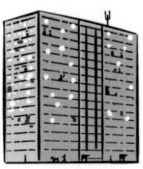

stan

gong yu

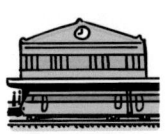

željeznička stanica

huo che zhan

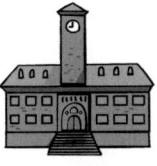

vjećnica

shi zheng ting

MUSEUM

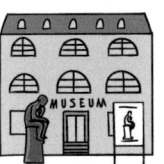

muzej

bo wu guan

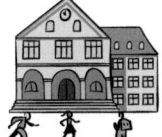

škola

xue xiao

univerzitet

da xue

banka

yin hang

bolnica

yi yuan

hotel

jiu dian

apoteka

yao fang

ured

ban gong shi

knjižara

shu dian

radnja

shang dian

cvjećara

hua dian

supermarket

chao shi

pijaca

shi chang

robna kuća

bai huo shang dian

prodavač ribe

yu dian

trgovački centar

gou wu zhong xin

luka

hai gang

park

gong yuan

klupa

chang deng

most

qiao

stepenice

lou ti

podzemna željeznica

di tie

tunel

sui dao

autobuska stanica

gong jiao che zhan

bar

jiu ba

restoran

can guan

poštanski sandučić

you tong

saobraćajni znak

lu biao

sat za naplatu parkinga

ting che ji shi qi

zološki vrt

dong wu yuan

bazen

you yong guan

džamija

qing zhen si

seosko imanje

nong chang

zagađenje okoline

wu ran

groblje

mu di

crkva

jiao tang

igralište

cao chang

hram

si miao

krajolik

di xing

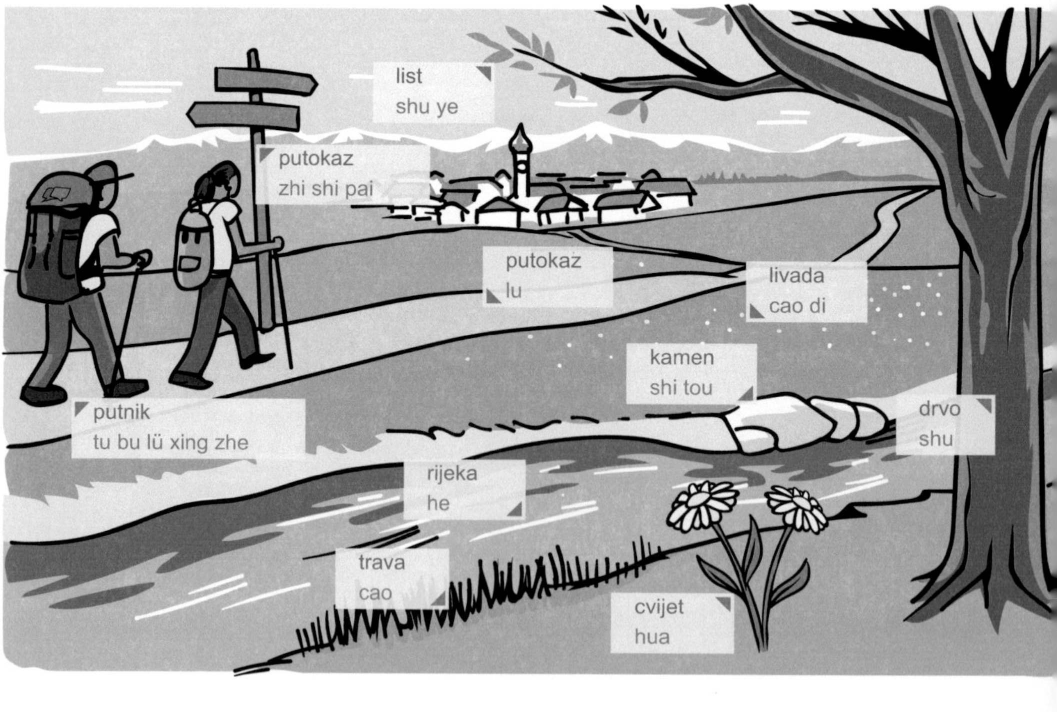

list
shu ye

putokaz
zhi shi pai

putokaz
lu

livada
cao di

kamen
shi tou

drvo
shu

putnik
tu bu lü xing zhe

rijeka
he

trava
cao

cvijet
hua

dolina

xia gu

brdo

shan

jezero

hu

šuma

sen lin

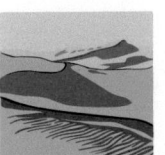

pustinja

sha mo

vulkan

huo shan

dvorac

cheng bao

duga

cai hong

gljiva

mo gu

palma

zong lü shu

komarac

wen zi

muha

cang ying

mrav

ma yi

pčela

mi feng

pauk

zhi zhu

buba

jia chong

žaba

qing wa

vjeverica

song shu

jež

ci wei

zec

ye tu

sova

mao tou ying

ptica

niao

labud

tian e

divlja svinja

ye zhu

jelen

lu

los

mi lu

brana

shui ba

vjetrenjača

feng li fa dian ji

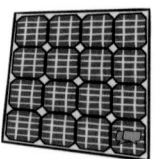

solarni modul

tai yang neng dian chi ban

klima

qi hou

restoran

can guan

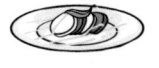

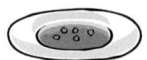

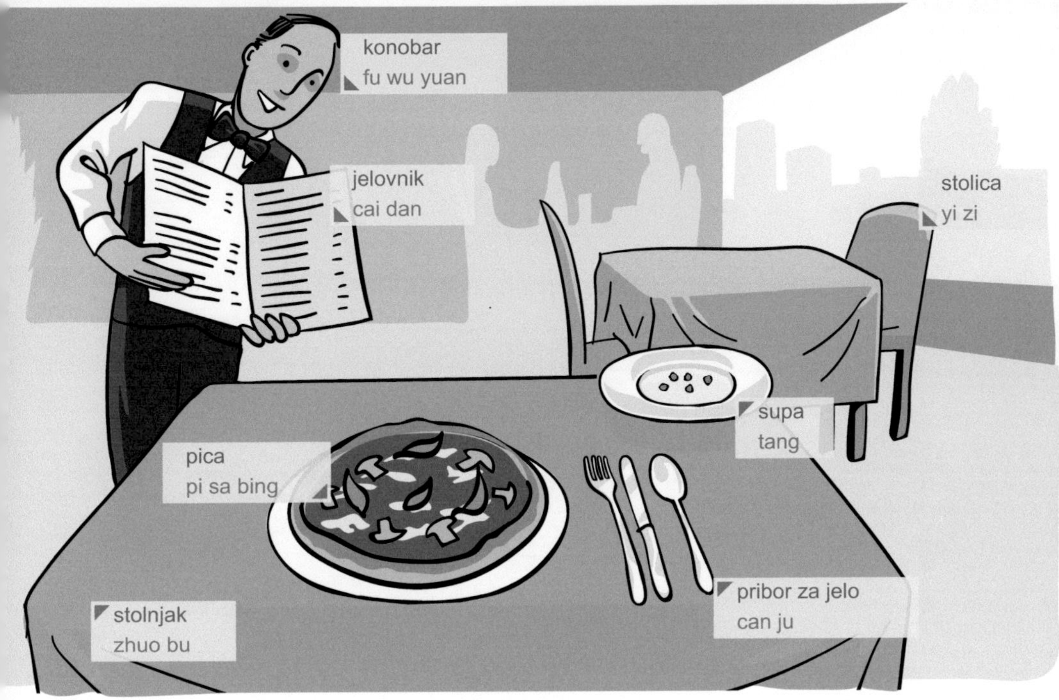
konobar
fu wu yuan
jelovnik
cai dan
stolica
yi zi
supa
tang
pica
pi sa bing
pribor za jelo
can ju
stolnjak
zhuo bu

predjelo

qian cai

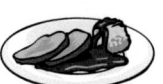

glavno jelo

zhu cai

desert

tian dian

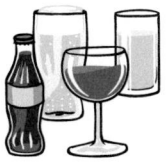

piće

yin liao

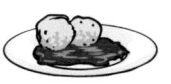

jelo

shi wu

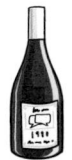

flaša

ping zi

brza hrana

kuai can

jelo sa ulice

jie bian xiao chi

čajnik

cha hu

šećernica

tang he

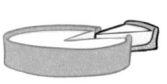

porcija

yi fen fan cai

mašina za espreso

yi shi ka fei ji

barska stolica

gao jiao yi

račun

zhang dan

tacna

tuo pan

nož

dao

viljuška

can cha

kašika

shao zi

kašičica

cha chi

salveta

can jin

čaša

bo li bei

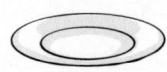

tanjir

die zi

tanjir za supu

tang pan

tanjurić

die zi

sos

jiang

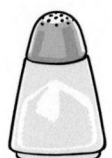

solanik

yan ping

mlin za biber

hu jiao mo

sirće

cu

ulje

shi yong you

začini

tiao wei liao

kečap

fan qie jiang

senf

jie mo

majoneza

dan huang jiang

supermarket
chao shi

ponuda
te jia
FOR
klijent
gu ke
mliječni proizvodi
ru zhi pin
voće
shui guo
kolica za kupovinu
gou wu che

BUTCHERS

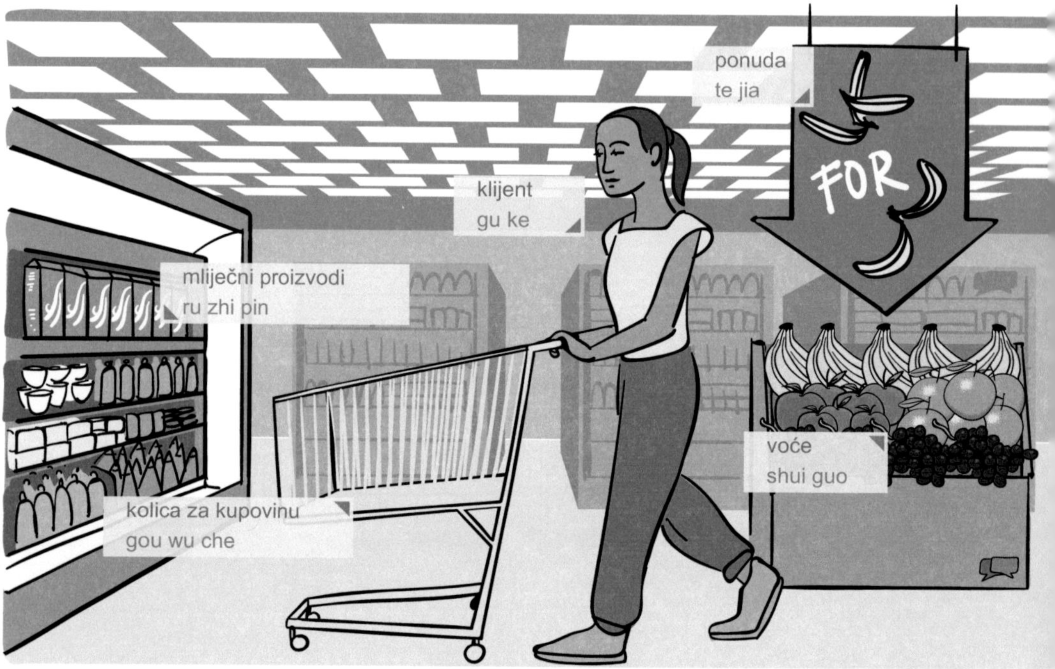

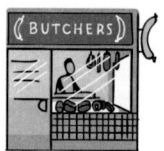

mesnica- klaonica

rou pu

BAKERY

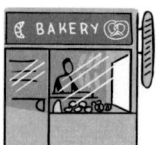

pekara

mian bao fang

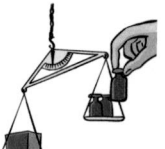

vagati

cheng zhong

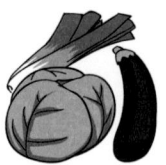

povrće

shu cai

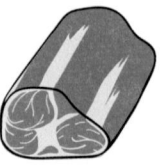

meso

rou

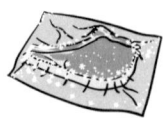

zaleđena hrana

leng dong shi pin

narezak

leng pan

konzerve

guan tou shi pin

prašak za veš

xi yi fen

slatkiši

tian shi

kućanski proizvodi

ri yong pin

sredstvo za čišćenje

qing jie yong pin

prodavačica

xiao shou yuan

kasa

shou yin ji

blagajnik

shou yin yuan

lista za kupovinu

gou wu qing dan

radno vrijeme

kai fang shi jian

novčanik

qian bao

kreditna kartica

xin yong ka

torba

dai zi

najlonska vrećica

su liao dai

voda

shui

sok

guo zhi

mlijeko

niu nai

kola

ke le

vino

hong jiu

pivo

pi jiu

alkohol

jiu

kakao

ke ke

čaj

cha

kafa

ka fei

espreso

yi shi nong suo ka fei

kapućino

ka bu qi nuo

banana

xiang jiao

jabuka

ping guo

narandža

cheng zi

lubenica

xi gua

limun

ning meng

mrkva

hu luo bo

bijeli luk

da suan

bambus

zhu zi

crveni luk

yang cong

gljiva

mo gu

orašasti plodovi

jian guo

pasta

mian tiao

špagete

yi da li mian tiao

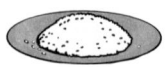

riža

mi fan

salata

sha la

pomfrit

shu tiao

pečeni krompir

zha tu dou

pica

pi sa bing

hamburger

han bao bao

sendvič

san ming zhi

šnicla

zha zhu pai

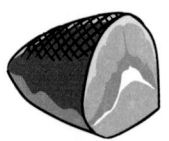

šunka

huo tui

kobasica

sa la mi

kobasica

xiang chang

kokoš

ji rou

pečenje

kao rou

riba

yu

zobene pahuljice

yan mai pian

muzli

mu zi li

kornfleks

yu mi pian

brašno

mian fen

kroason

yang jiao mian bao

zemičke

mian bao juan

kruh

mian bao

tost

kao mian bao

keksi

bing gan

maslac

huang you

svježi sir

ning ru

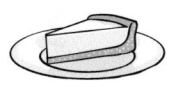

kolač

dan gao

jaje

dan

jaje na oko

jian dan

sir

nai lao

sladoled

bing ji lin

šećer

tang

med

feng mi

marmelada

guo jiang

nugat krema

qiao ke li jiang

kuri

ga li fan

seosko imanje
nong chang

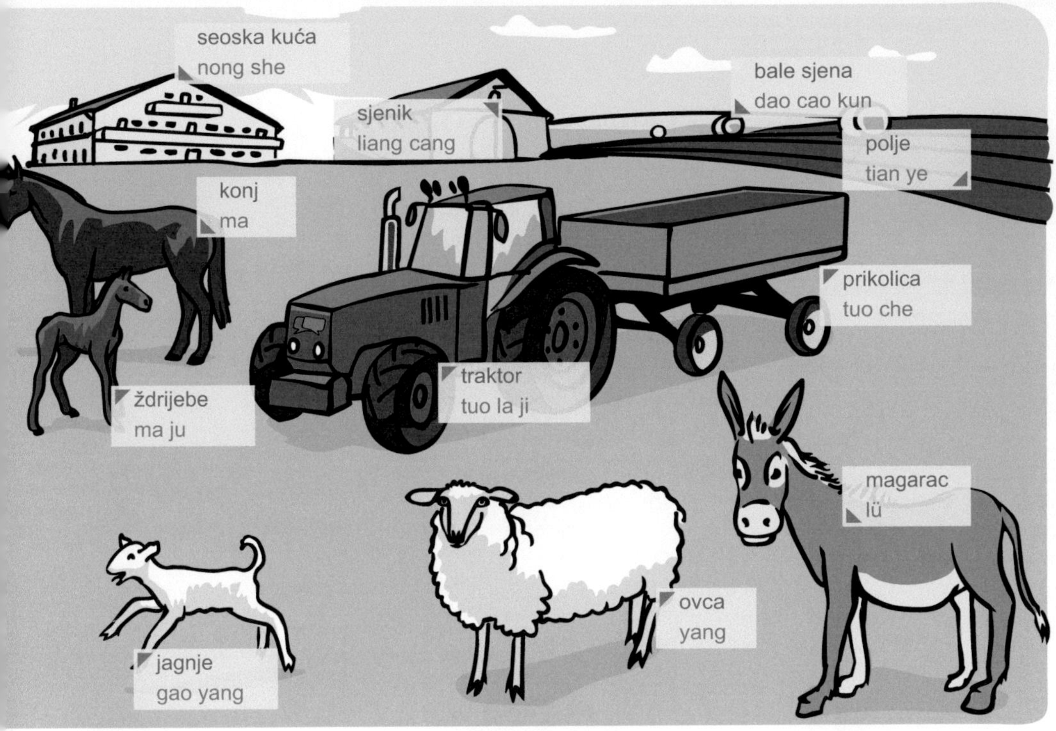
seoska kuća
nong she
sjenik
liang cang
bale sjena
dao cao kun
polje
tian ye
konj
ma
prikolica
tuo che
traktor
tuo la ji
ždrijebe
ma ju
magarac
lü
ovca
yang
jagnje
gao yang

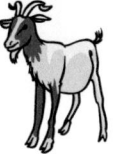

koza

shan yang

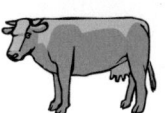

krava

nai niu

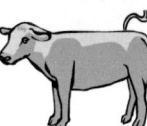

tele

niu du

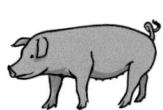

svinja

zhu

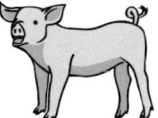

prase

xiao zhu

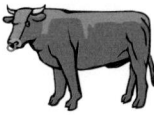

bik

gong niu

guska

e

patka

ya

pile

xiao ji

kokoška

mu ji

pjetao

gong ji

pacov

shu

mačka

mao

miš

lao shu

vol

niu

pas

gou

pseća kućica

gou wu

crijevo za baštu

hua yuan jiao shui ruan guan

kanta za zalijevanje

sa shui hu

kosa

chang bing da lian dao

plug

li

srp

lian dao

motika

chu tou

vile

chang bing cao pa

sjekira

fu tou

tačke

du lun shou tui che

korito

si liao cao

bokal za mlijeko

niu nai guan

vreća

ma bu dai

ograda

zha lan

štala

ma jiu

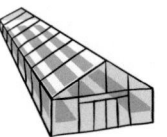

staklenik

wen shi

tlo

tu rang

sjeme

zhong zi

đubrivo

fei liao

kombajn

lian he shou ge ji

kositi

shou ge

žetva

shou ge

jam korijen

shan yao

pšenica

xiao mai

soja

da dou

krompir

tu dou

kukuruz

yu mi

uljana repica

you cai zi

drvo voća

guo shu

manioka

shu shu

žito

gu wu

kuća
fang zi

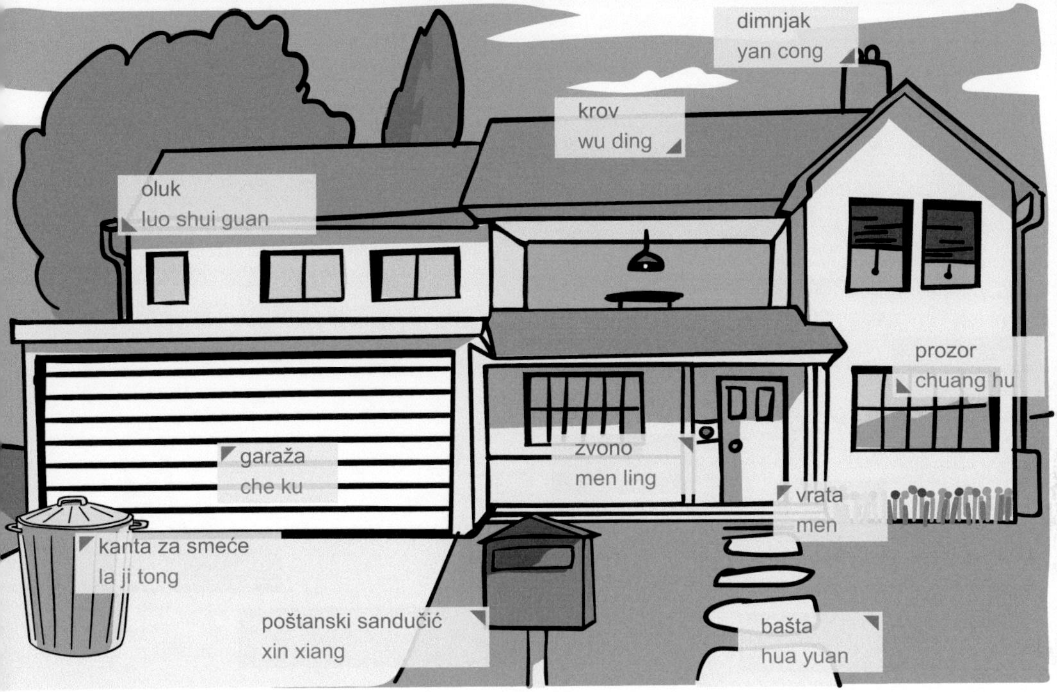
dimnjak
yan cong
krov
wu ding
oluk
luo shui guan
prozor
chuang hu
zvono
men ling
garaža
che ku
vrata
men
kanta za smeće
la ji tong
poštanski sandučić
xin xiang
bašta
hua yuan

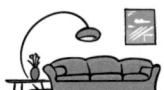

dnevni boravak

ke ting

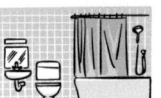

kupatilo

yu shi

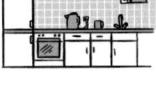

kuhinja

chu fang

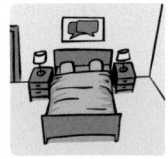

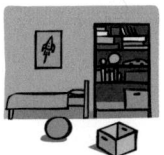

spavaća soba

wo shi

dječija soba

er tong fang

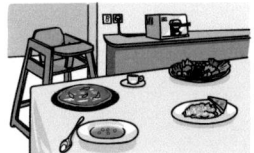

trpezarija

can ting

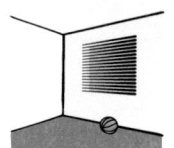

pod, tlo

di ban

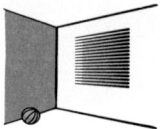

zid

qiang bi

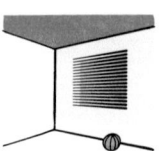

plafon

diao ding

podrum

di jiao

sauna

sang na

balkon

yang tai

terasa

lu tai

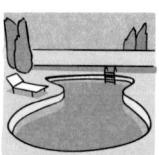

bazen

you yong chi

kosilica

ge cao ji

posteljina

bei dan

pokrivač

chuang zhao

krevet

chuang

metla

sao zhou

kanta

shui tong

prekidač

kai guan

dnevni boravak

ke ting

tapeta
bi zhi
fotografija
zhao pian
lampa
tai deng
polica
ge jia
ormar
chu gui
televizija
dian shi ji
dimnjak
bi lu
cvijet
hua
jastuk
dian zi
kauč
sha fa
vaza
hua ping
daljinski upravljač
yao kong qi

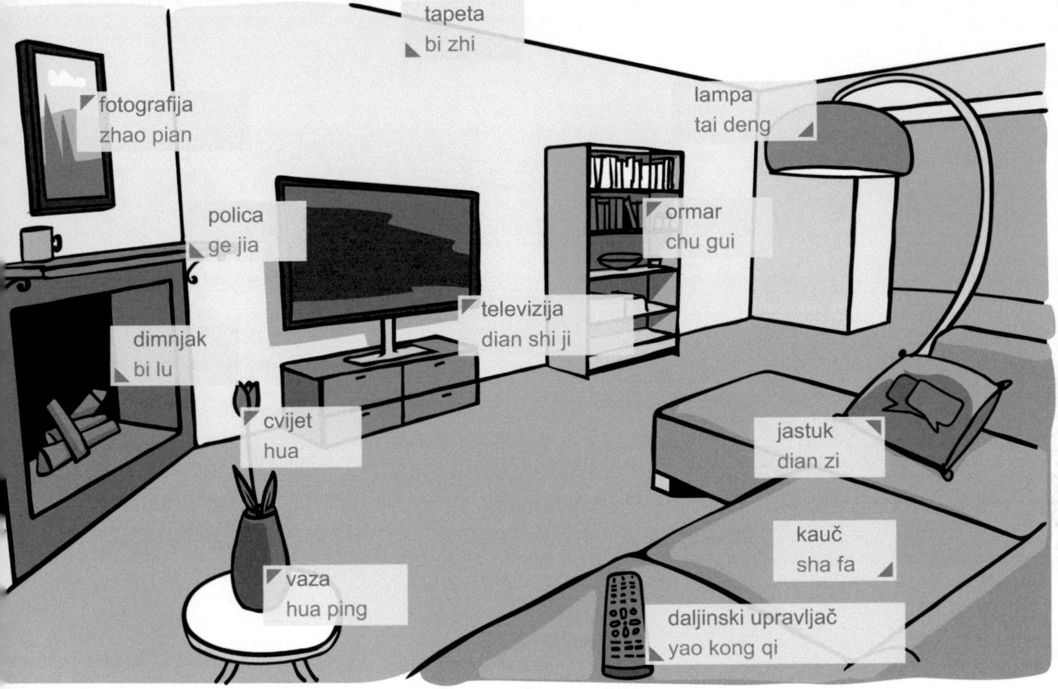

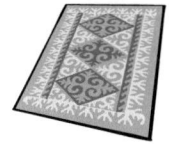

tepih

di tan

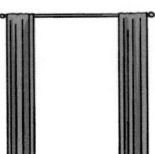

zavjesa

chuang lian

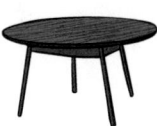

stol

can zhuo

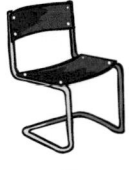

stolica

yi zi

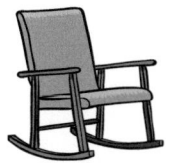

stolica za ljuljanje

yao yi

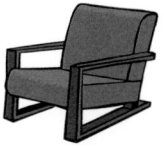

fotelja

fu shou yi

knjiga

shu

deka

tan zi

dekoracija

zhuang shi pin

ložno drvo

mu chai

film

dian ying

stereo uređaj

gao bao zhen yin xiang

ključ

yao shi

novine

bao zhi

umjetnička slika

you hua

poster

hai bao

radio

shou yin ji

blok za bilješke

bi ji ben

usisavač

xi chen qi

kaktus

xian ren zhang

svijeća

la zhu

kuhinja
chu fang

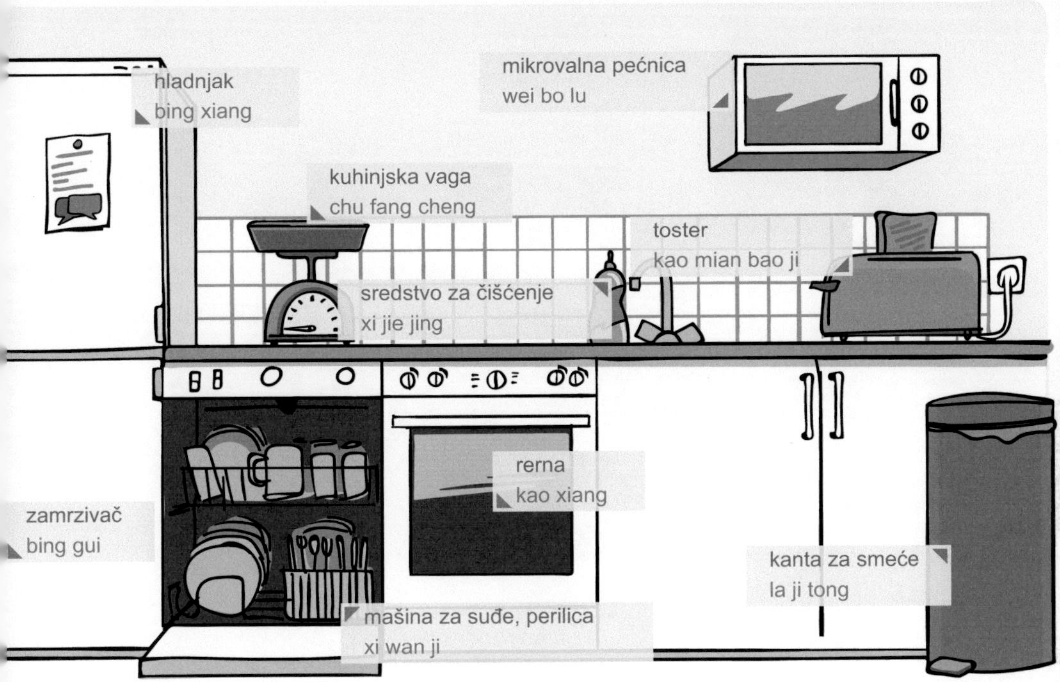
hladnjak
bing xiang
mikrovalna pećnica
wei bo lu
kuhinjska vaga
chu fang cheng
toster
kao mian bao ji
sredstvo za čišćenje
xi jie jing
rerna
kao xiang
zamrzivač
bing gui
kanta za smeće
la ji tong
mašina za suđe, perilica
xi wan ji

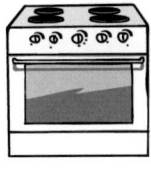

peć

chui ju

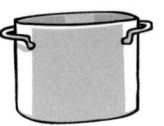

lonac

guo

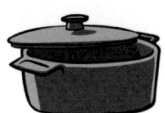

metalni lonac

zhu tie guo

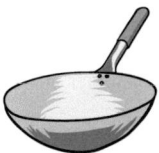

vok / kadai

sha guo

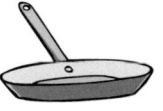

tava, tiganj

ping di guo

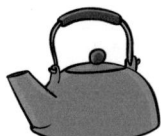

kuhalo

shui hu

aparat za kuhanje na pari

zheng guo

lim za pečenje

kao pan

posuđe

tao ci guo

šalica

ma ke bei

činija

wan

kineski štapići

kuai zi

kutlača

chang bing shao

lopatica

chan zi

metlica za snijeg bjelanjca

jiao ban qi

sito za kuhanje

lü wang

sito

shai zi

ribež

mo sui ji

avan s tučkom

yan bo

roštilj

shao kao

ložište

ming huo

daska

cai ban

oklagija

gan mian zhang

vadičep

kai ping qi

konzerva

guan zi

otvarač za konzerve

kai ping qi

krpe za lonac

ge re shou tao

sudoper

shui cao

četka

shua zi

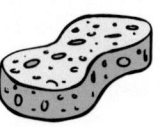

spužva

hai mian

mikser

jiao ban ji

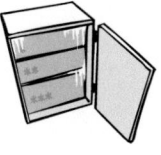

zamrzivač

leng cang xiang

flašica za bebu

nai ping

slavina

shui long tou

kupatilo
yu shi

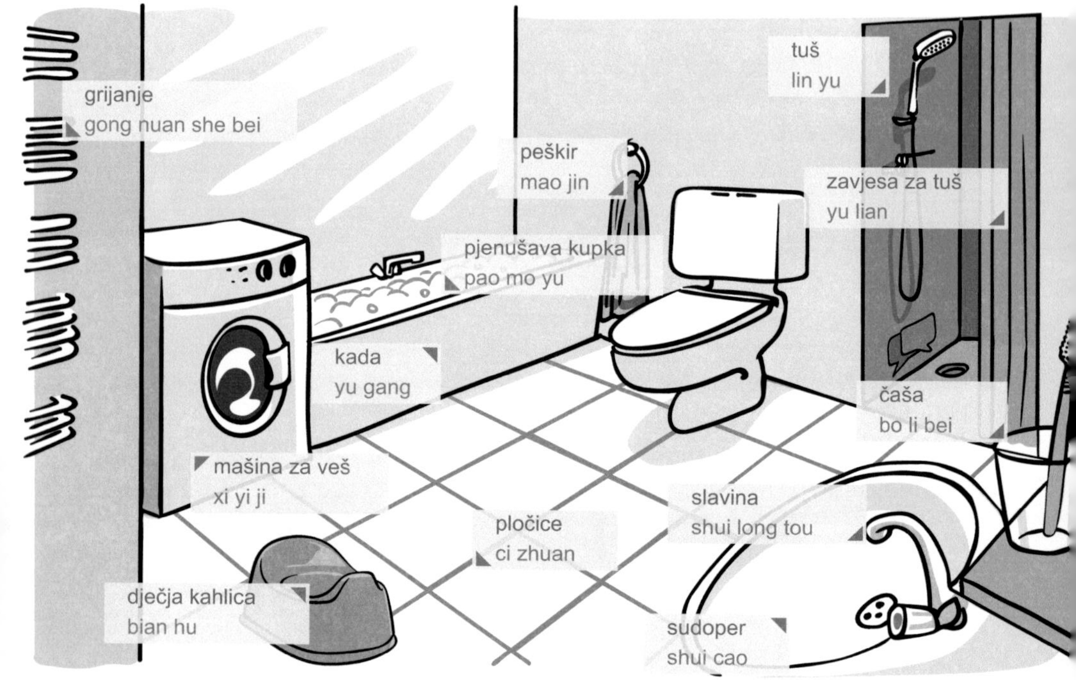

grijanje
gong nuan she bei
peškir
mao jin
tuš
lin yu
zavjesa za tuš
yu lian
pjenušava kupka
pao mo yu
kada
yu gang
čaša
bo li bei
mašina za veš
xi yi ji
slavina
shui long tou
pločice
ci zhuan
dječja kahlica
bian hu
sudoper
shui cao

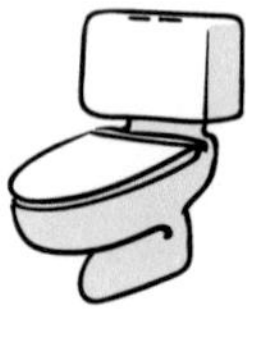

toalet

ce suo

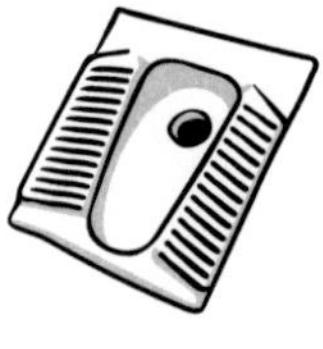

čučavac

dun bian qi

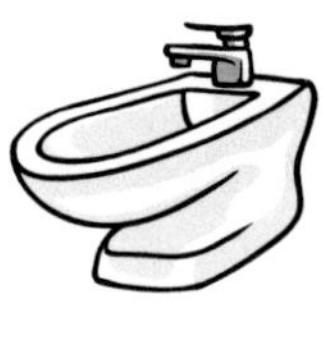

bide

zuo yu qi

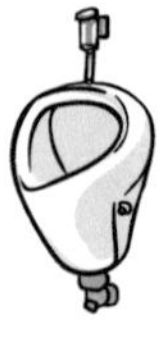

pisoar

xiao bian chi

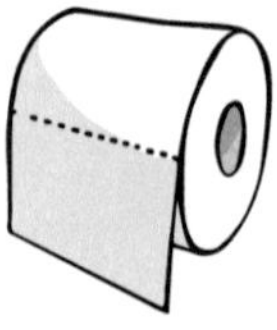

toalet papir

ce zhi

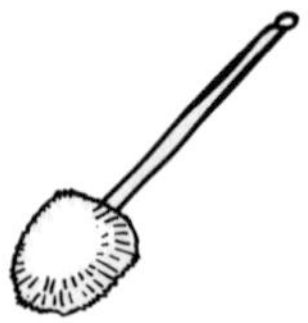

četka za wc

ma tong shua

četkica za zube

ya shua

pasta za zube

ya gao

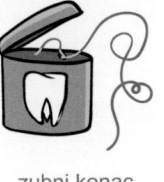

zubni konac

ya xian

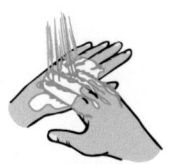

prati

xi

tuš

shou chi shi pen lin tou

intimni tuš

chong xi qi

lavor

xi lian pen

četka za leđa

ca bei shua

sapun

fei zao

gel za tuširanje

mu yu lu

šampon

xi fa shui

krpe za pranje

fa lan rong

odvod

pai shui

krema

ru shuang

dezodorans

chu chou ji

ogledalo

jing zi

ogledalo za šminkanje

shou jing

brijač

ti xu dao

pjena za brijanje

ti xu pao mo

vodica poslije brijanja

xu hou shui

češalj

shu zi

četka

shua zi

fen

chui feng ji

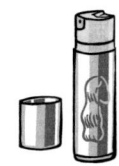

sprej za kosu

pen fa ding xing ji

puder

hua zhuang pin

karmin

chun gao

lak za nokte

zhi jia you

vata

hua zhuang mian

makazice za nokte

zhi jia jian

parfem

xiang shui

kozmetička torbica

xi shu bao

hoklica

deng zi

vaga

ji zhong cheng

kupaći ogrtač

yu pao

rukavice za čišćenje

xiang jiao shou tao

tampon

wei sheng mian tiao

uložak za dame

wei sheng jin

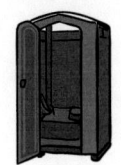

hemijski toalet

hua xue ce suo

dječija soba

er tong fang

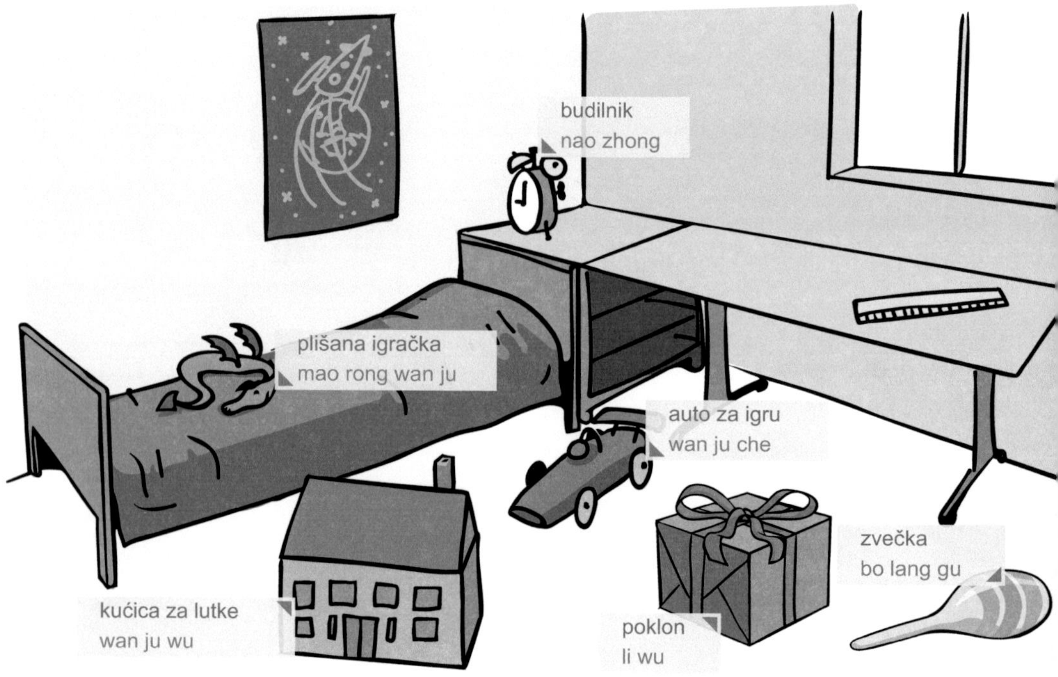

budilnik
nao zhong
plišana igračka
mao rong wan ju
auto za igru
wan ju che
zvečka
bo lang gu
kućica za lutke
wan ju wu
poklon
li wu

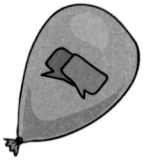

balon

qi qiu

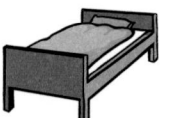

krevet

chuang

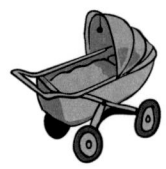

kolica za djecu

(yang wa wa yong)ying er che

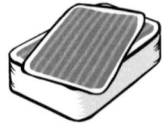

karte za igranje

pu ke pai

puzle

pin tu

SUPER
MEGA

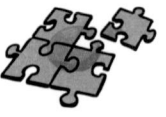

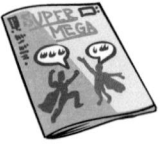

strip

man hua

lego kockice

le gao ji mu

kockice za gradnju

ji mu wan ju

akcione figure

wan ju ren

benkica

ying er fu

frizbi

fei pan

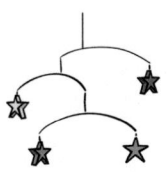

mobile

chuang ling wan ju

igra na ploči

qi pan you xi

kocka

shai zi

miniatura željeznice

huo che mo xing

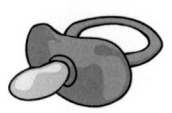

cucla

an fu nai zui

zabava

ju hui

slikovnica

hui ben

lopta

qiu

lutka

yang wa wa

igrati

wan

pješćanik

sha keng

ljuljačka

qiu qian

igračke

wan ju

konzola za igru

you xi ji

triciklo

san lun che

medvjedić

tai di xiong

ormar

yi chu

odjeća
yi fu

kratke čarape

wa zi

čarape

chang wa

hulahopke

jin shen ku

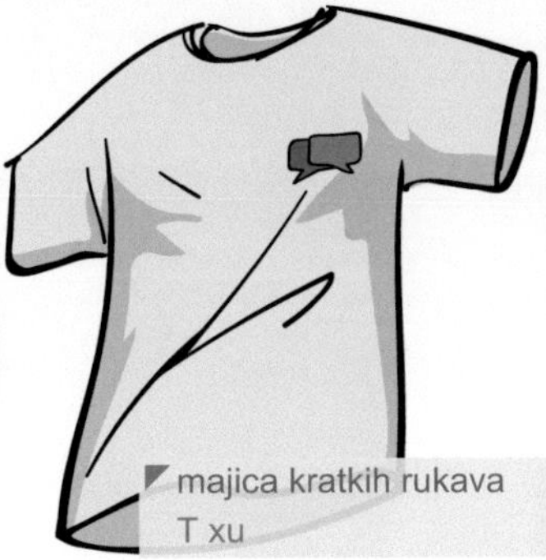

šal
wei jin

kaiš
pi dai

kišobran
yu san

majica kratkih rukava
T xu

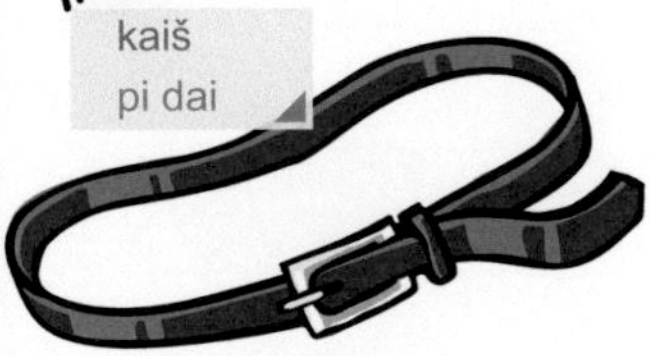

čizme
xue zi

papuče
tuo xie

patike
yun dong xie

sandale

liang xie

cipele

xie

gumene čizme

yu xue

gaće

nei ku

grudnjak

xiong zhao

potkošulja

bei xin

odjeća - yi fu

bodi

shen ti

hlače

ku zi

farmerke

niu zai ku

suknja

duan qun

bluza

nü shi chen shan

košulja

chen shan

džemper

tao tou shan

majica

wei yi

sako

xi zhuang jia ke

jakna

jia ke

mantil

wai tao

kišni mantil

yu yi

kostim

tao zhuang

haljina

lian yi qun

vjenčanica

hun sha

odijelo

xi zhuang

spavaćica

shui pao

pidžama

shui yi

sari

sha li

marama

tou jin

turban

bao tou jin

burka

bo ka

kaftan

ka fu tan

abaja

(a la bo shi)chang pao

kupaći kostim

yong yi

kupaće gaće

nan shi yong ku

kratke hlače

duan ku

trenerka

yun dong fu

pregača

wei qun

rukavice

shou tao

dugme

niu kou

naočare

yan jing

narukvica

shou lian

ogrlica

xiang lian

prsten

jie zhi

naušnica

er huan

kapa

bian mao

vješalica

yi jia

šešir

mao zi

kravata

ling dai

patentni zatvarač

la lian

kaciga

tou kui

tregeri za hlače

bei dai

školska uniforma

xiao fu

uniforma

zhi fu

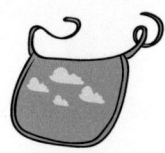

podbradak

wei dou

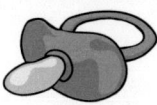

cucla

an fu nai zui

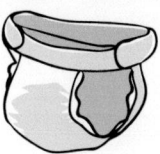

pelene

niao bu shi

ured

ban gong shi

server
fu wu qi
ormar za kartoteku
wen jian gui
štampač
da yin ji
papir
zhi
monitor
xian shi ping
miš
shu biao
pisaći sto
ban gong zhuo
registrator
wen jian jia
tastatura
jian pan
korpa za papir
fei zhi kuang
kompjuter
dian nao
stolica
yi zi

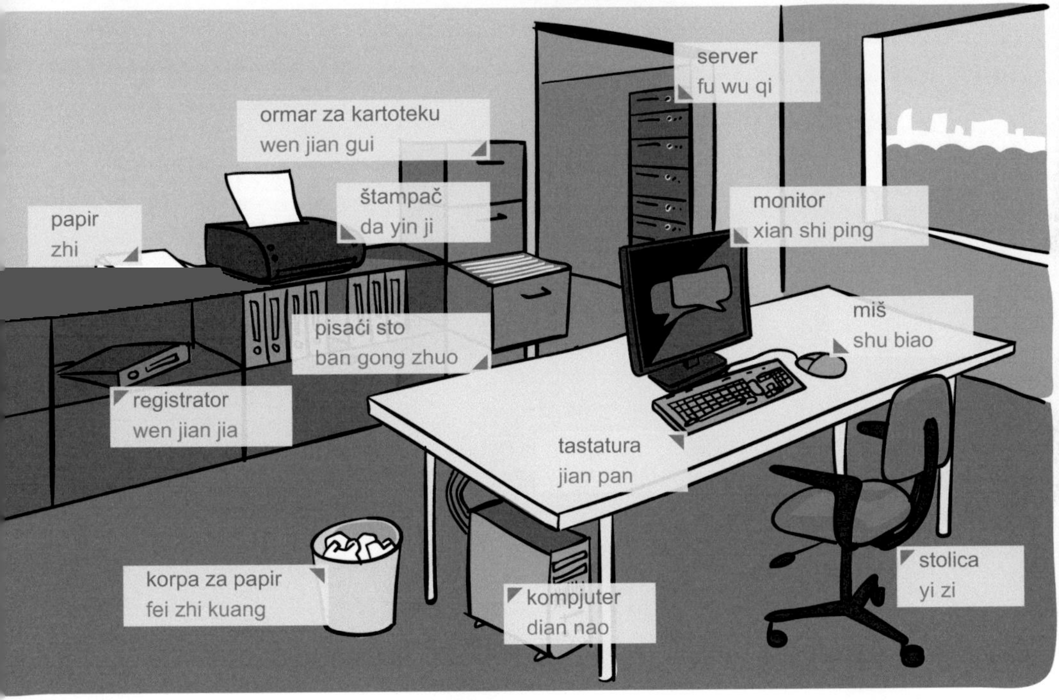

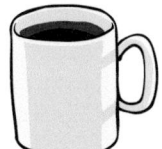

šolja za kafu

ka fei bei

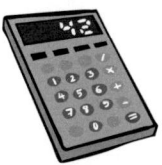

kalkulator

ji suan qi

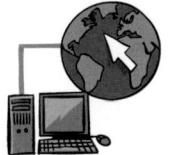

internet

yin te wang

laptop

bi ji ben dian nao

pismo

xin jian

poruka

xiao xi

mobilni telefon

shou ji

mreža

wang luo

aparat za kopiranje

fu yin ji

softver

ruan jian

telefon

dian hua

utičnica

cha zuo

faks

chuan zhen ji

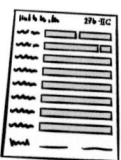

formular

biao ge

dokument

wen jian

kupovati

mai

platiti

fu qian

trgovati

jiao yi

novac

xian jin

dolar

mei yuan

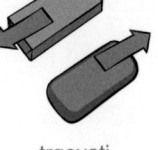 

euro

ou yuan

jen

ri yuan

rublja

lu bu

franak

rui shi fa lang

renminbi jen

ren min bi

rupi

lu bi

bankomat

ti kuan chu

mjenjačnica

wai bi dui huan chu

zlato

jin

srebro

yin

nafta

shi you

energija

neng yuan

cijena

jia ge

ugovor

he tong

porez

shui jin

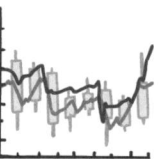

akcija

gu piao

raditi

gong zuo

službenik

zhi yuan

poslodavac

lao ban

fabrika

gong chang

radnja

shang dian

zanimanja
zhi ye

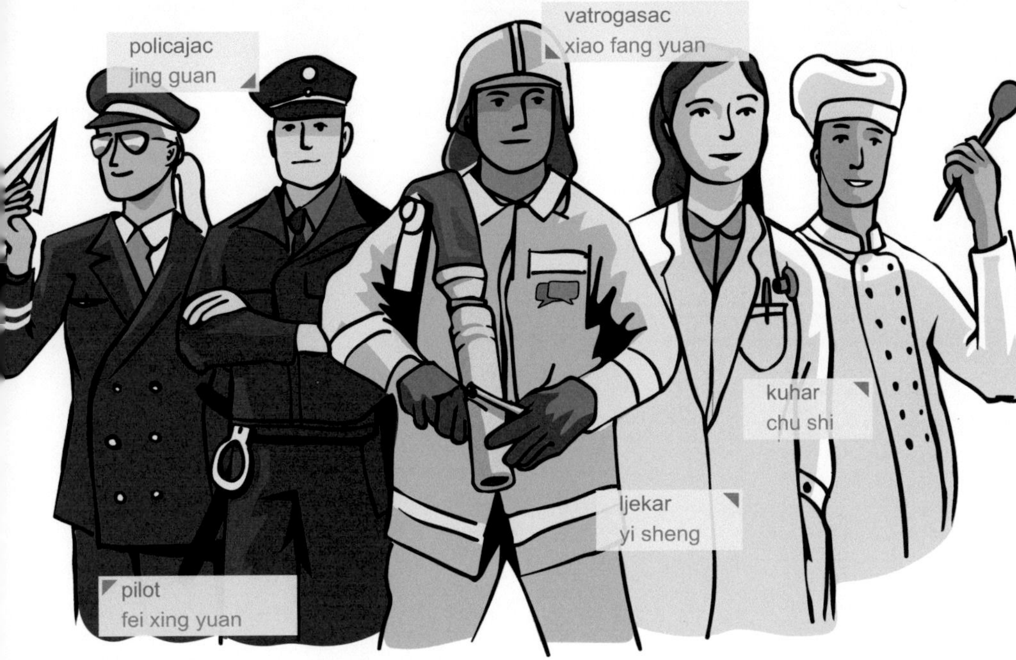
policajac
jing guan
vatrogasac
xiao fang yuan
kuhar
chu shi
ljekar
yi sheng
pilot
fei xing yuan

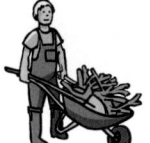

baštovan

yuan ding

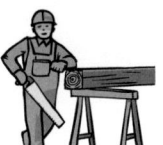

stolar

mu jiang

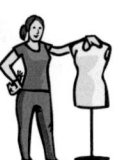

krojačica

cai feng

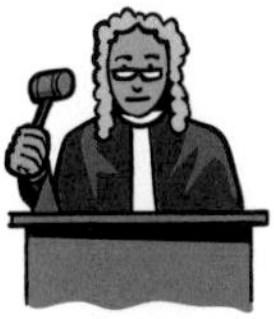

sudija

fa guan

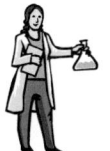

hemičar

hua xue jia

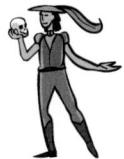

glumac

yan yuan

vozač autobusa

gong jiao che si ji

vozač taksija

chu zu che si ji

ribar

yu fu

čistačica

qing jie nü gong

krovopokrivač

wu ding gong

konobar

fu wu yuan

lovac

lie ren

moler

hua jia

pekar

mian bao shi

električar

dian gong

građevinski radnik

jian zhu gong ren

inženjer

gong cheng shi

koljač

tu fu

limar, vodoinstalater

shui guan gong

poštar

you di yuan

vojnik

shi bing

arhitekta

jian zhu shi

blagajnik

shou yin yuan

cvjećar

hua nong

frizer

li fa shi

kontrolor

shou piao yuan

mehaničar

ji xie shi

kapiten

chuan zhang

zubar

ya yi

naučnik

ke xue jia

rabin

la bi

imam

yi ma mu

monah

he shang

sveštenik

mu shi

alat
gong ju

čekić
tie chui
kliješta
qian zi
izvijač
luo si dao
vijčani ključ
ban shou
džepna lampa
shou dian tong

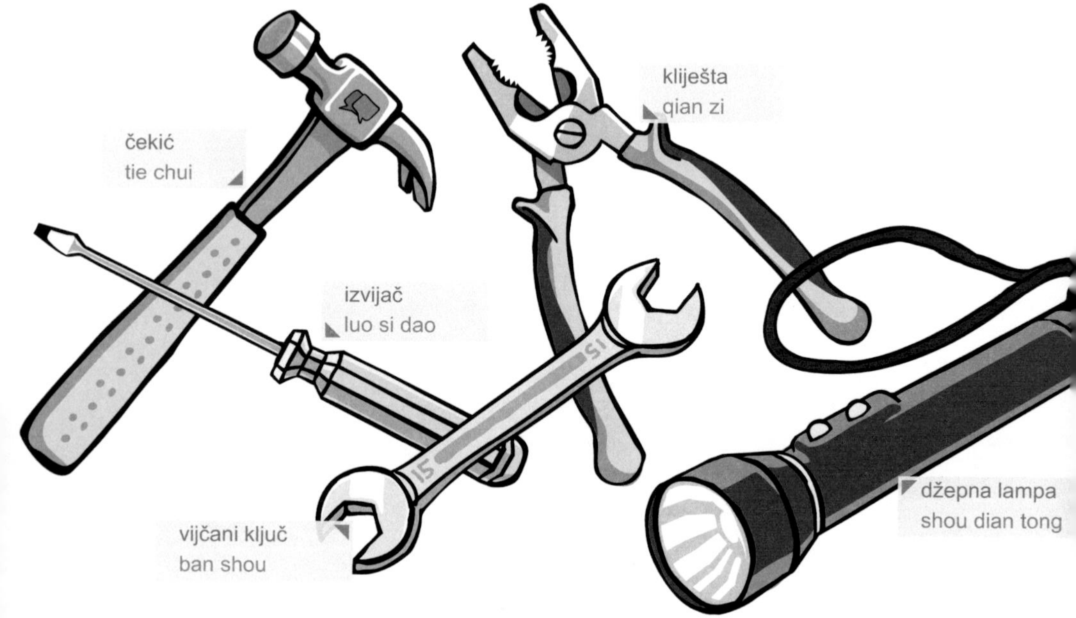

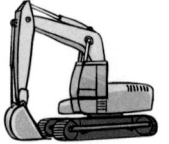

bager
wa jue ji

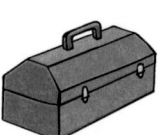

kutija sa alatom
gong ju xiang

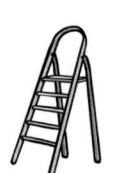

ljestve
ti zi

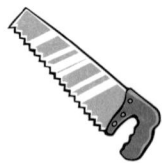

testera, pila
ju zi

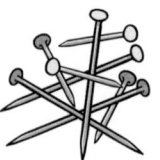

ekser
ding zi

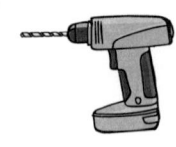

bušilica
zuan ji

popraviti

xiu

lopata

chan zi

sranje!

kao!

lopatica

bo ji

kanta boje

you qi tong

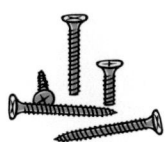

vijak

luo si

muzički instrumenti
yue qi

zvučnik
yang sheng qi

bubnjevi
da ji yue qi

gitara
ji ta

kontrabas
di yin ti qin

truba
xiao hao

klavir

gang qin

violina

xiao ti qin

bas

bei si

bubanj timpani

ding yin gu

bubanj

gu

sintisajzer

dian zi qin

saksofon

sa ke si guan

flauta

chang di

mikrofon

mai ke feng

zološki vrt

dong wu yuan

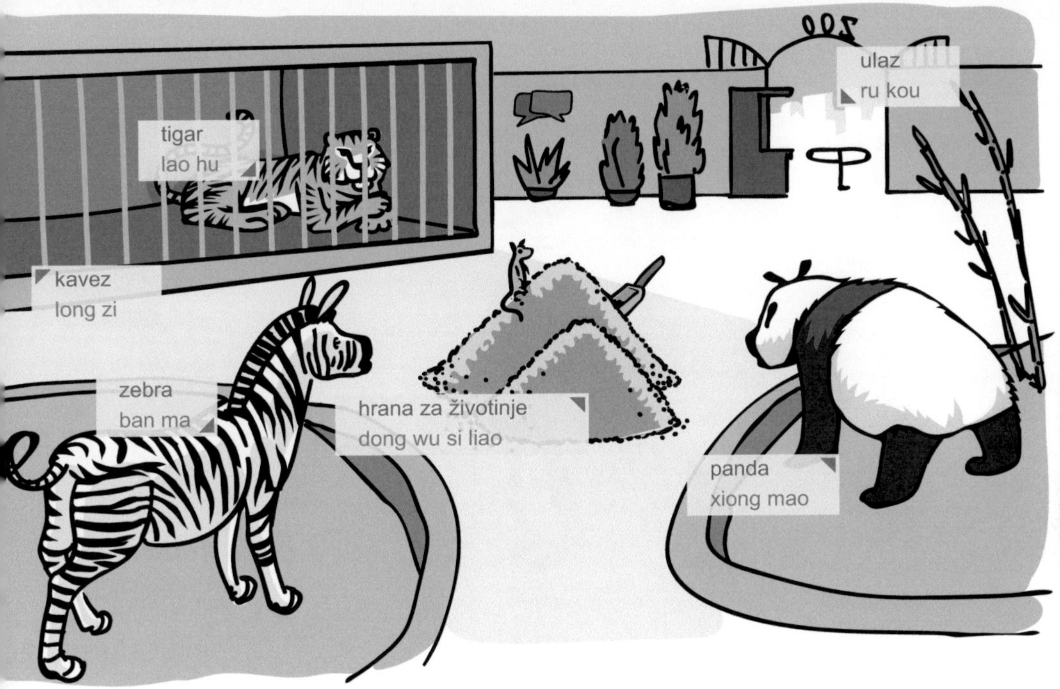
zoo
ulaz
ru kou
tigar
lao hu
kavez
long zi
zebra
ban ma
hrana za životinje
dong wu si liao
panda
xiong mao

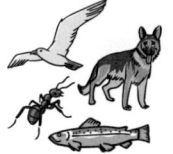

životinje

dong wu

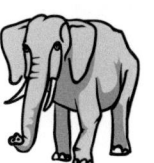

slon

da xiang

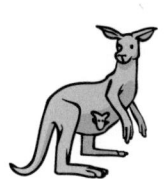

kengur

dai shu

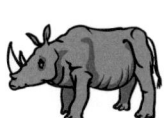

nosorog

xi niu

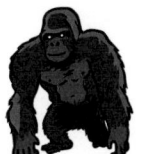

gorila

da xing xing

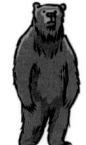

medvjed

xiong

kamila

luo tuo

noj

tuo niao

lav

shi zi

majmun

hou zi

flamingo

huo lie niao

papagaj

ying wu

polarni medvjed

bei ji xiong

pingvin

qi e

morski pas

sha yu

paun

kong que

zmija

she

krokodil

e yu

čuvar u zoološkom vrtu

dong wu yuan guan li yuan

tuljan

hai bao

jaguar

mei zhou bao

poni

ai zhong ma

leopard

bao

nilski konj

he ma

žirafa

chang jing lu

orao

lao ying

divlja svinja

ye zhu

riba

yu

kornjača

gui

morž

hai xiang

lisica

hu li

gazela

ling yang

američki fudbal
gan lan qiu

vožnja bicikla
qi zi xing che

tenis
wang qiu

košarka
lan qiu

plivanje
you yong

boks
quan ji

hokej na ledu
bing qiu

fudbal
ying shi zu qiu

bedminton
yu mao qiu

laka atletika
tian jing

rukomet
shou qiu

skijanje
hua xue

polo
ma qiu

aktivnosti

huo dong

skakati
tiao
zagrliti
yong bao
smijati se
xiao
ići
zou lu
pjevati
chang
sanjati
zuo meng
moliti
qi dao
ljubiti
qin wen

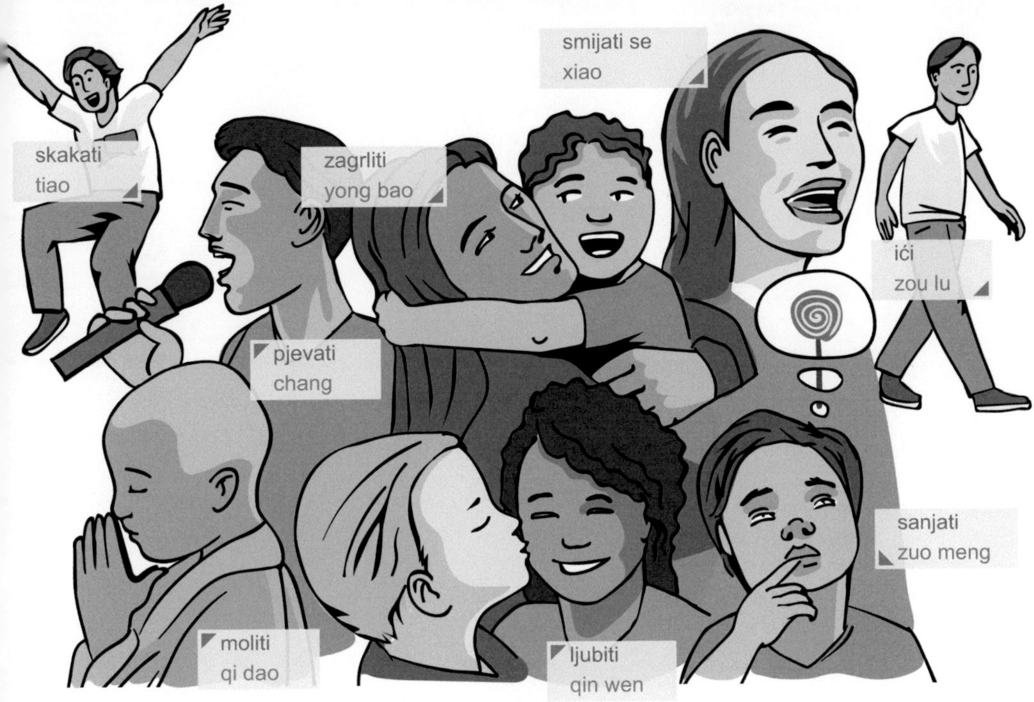

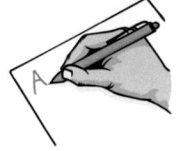

pisati

shu xie

crtati

hua

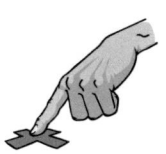

pokazati

zhan shi

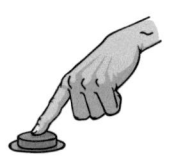

gurati

tui

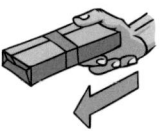

dati

gei

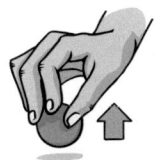

uzeti

na

imati

you

raditi

zuo

biti

dang

stajati

zhan

trčati

pao

vući

la

baciti

reng

pasti

shuai dao

ležati

tang

čekati

deng dai

nositi

xie dai

sjediti

zuo

obući

chuan yi

spavati

shui jiao

probuditi

xing lai

pogledati

kan

plakati

ku

milovati

fu mo

češljati

shu tou

govoriti

jiao tan

razumjeti

ming bai

pitati

wen

slušati

ting

piti

he

jesti

chi

pospremiti

qing li

voljeti

ai

kuhati

zuo fan

voziti

kai che

letjeti

fei

jedriti

hang xing

računati

ji suan

čitati

du

učiti

xue xi

raditi

gong zuo

vjenčavti

jie hun

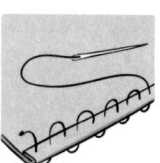

šiti

feng

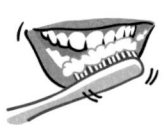

prati zube

shua ya

ubiti

sha

pušiti

chou yan

slati

ji

baka
zu mu

djed
zu fu

otac
fu qin

majka
mu qin

beba
ying tong

kćerka
nü er

sin
er zi

gost

ke ren

ujna, tetka, strina

a yi

ujak, tetak, stric

shu shu

brat

xiong di

sestra

jie mei

tijelo
shen ti

čelo
qian e
oko
yan jing
lice
lian
brada
xia ba
grudi
ru fang
prst
shou zhi
ruka, šaka
shou
ruka
shou bi
leđa
jian bang
noga
tui

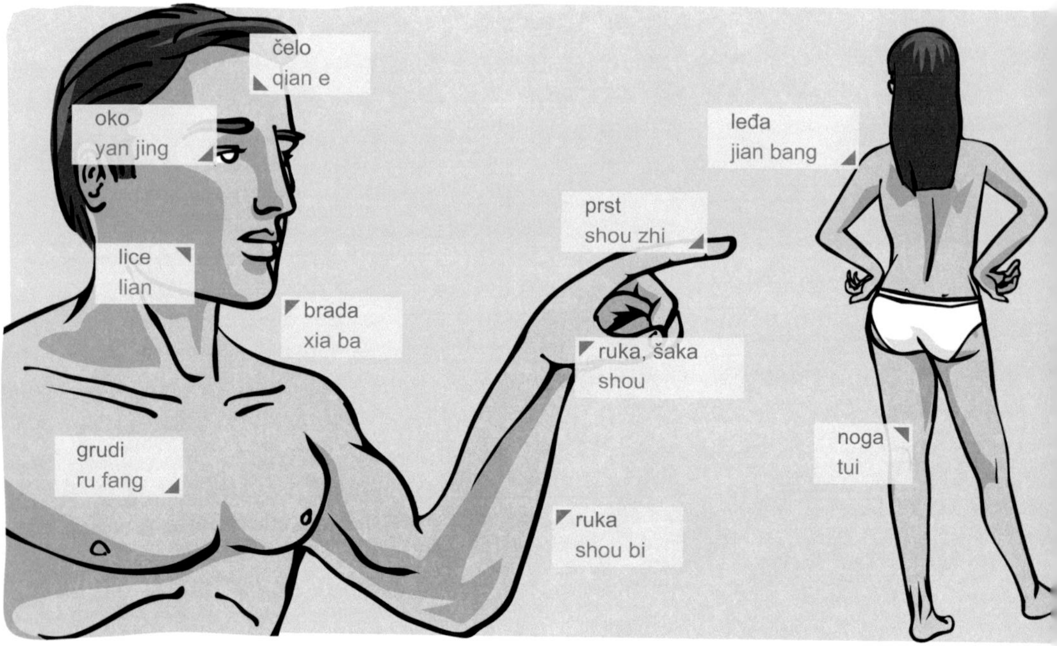

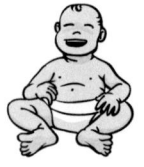

beba
ying tong

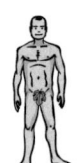

muškarac
nan ren

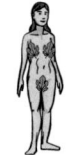

žena
nü ren

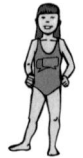

djevojčica
nü hai

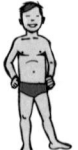

dječak
nan hai

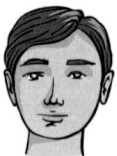

glava
tou

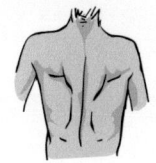

leđa

bei bu

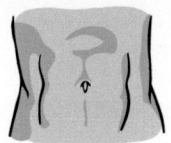

stomak

du zi

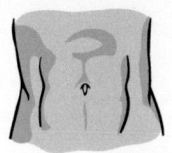

pupak

du qi

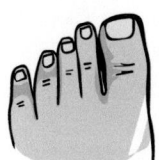

nožni prst

jiao zhi

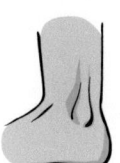

peta

jiao hou gen

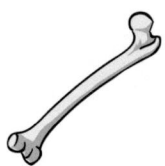

kosti

gu tou

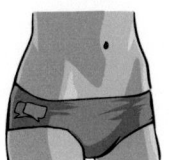

kuk

tun bu

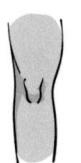

koljeno

xi gai

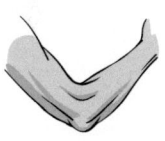

lakat

shou zhou

nos

bi zi

stražnjica

pi gu

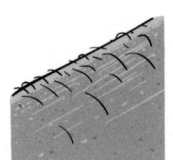

koža

pi fu

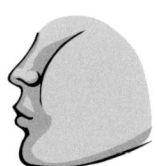

obraz

lian jia

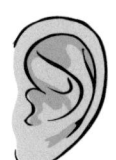

uho

er duo

usna

zui chun

usta

zui

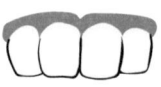

zub

ya chi

jezik

she tou

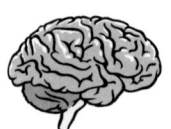

mozak

nao

srce

xin zang

mišić

ji rou

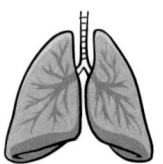

pluća

fei

jetra

gan zang

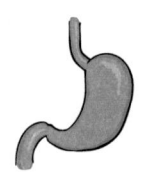

želudac

wei

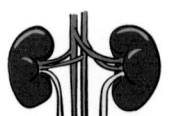

bubreg

shen zang

spolni odnos

xing jiao

kondom

bi yun tao

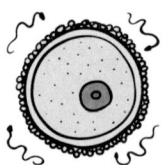

jajna ćelija

luan zi

sperma

jing zi

trudnoća

huai yun

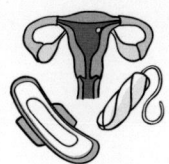

menstruacija

yue jing

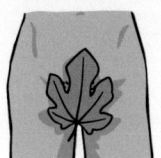

vagina

yin dao

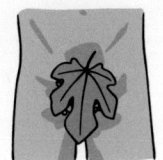

penis

yin jing

obrva

mei mao

kosa

tou fa

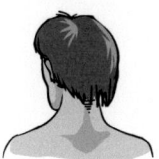

vrat

bo zi

bolnica
yi yuan

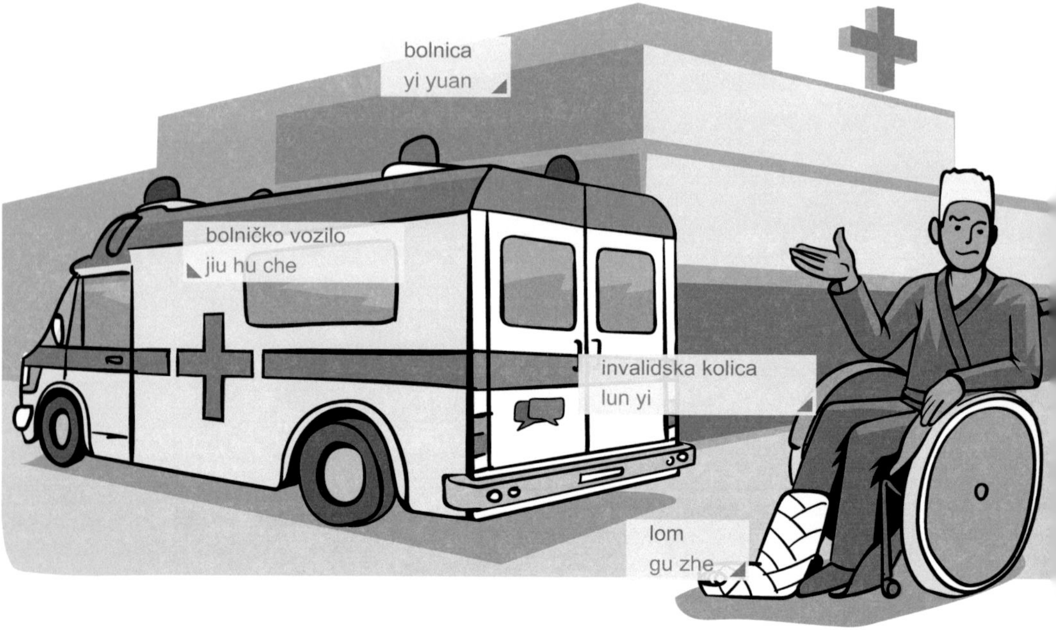

bolnica
yi yuan
bolničko vozilo
jiu hu che
invalidska kolica
lun yi
lom
gu zhe

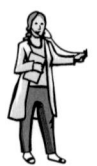

ljekar

yi sheng

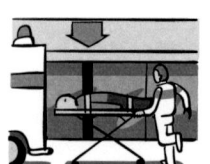

hitna služba

ji zhen shi

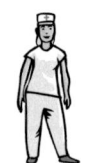

medicinska sestra

hu shi

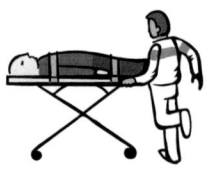

hitna pomoć

jin ji qing kuang

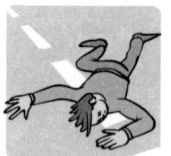

nesvjest

hun mi

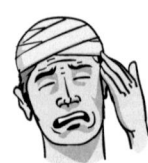

bol

tong

povreda

shou shang

krvarenje

chu xue

srčani udar, infarkt

xin zang bing fa zuo

moždani udar

zhong feng

alergija

guo min

kašalj

ke sou

groznica

fa shao

gripa

liu gan

proljev

fu xie

glavobolja

tou tong

rak

ai zheng

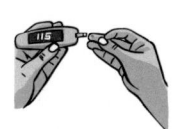

dijabetes

tang niao bing

hirurg

wai ke yi sheng

skalpel

shou shu dao

operacija

shou shu

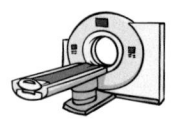

CT

CT

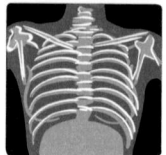

rendgen

X guang

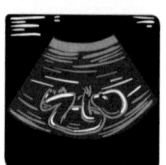

ultrazvuk

chao sheng bo

maska

kou zhao

bolest

ji bing

čekaonica

hou zhen shi

štake

guai zhang

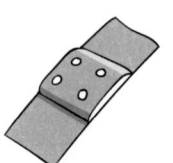

flaster

shi gao

zavoj

beng dai

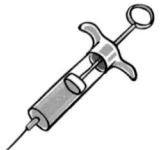

injekcija

zhu she

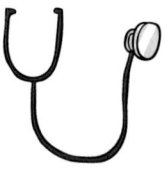

stetoskop

ting zhen qi

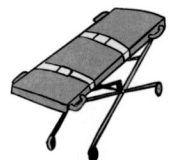

nosilo

dan jia

termometar

ti wen ji

porod

chu sheng

prekomjerna težina, debljina

chao zhong

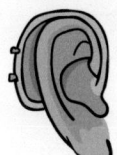

slušni aparat

zhu ting qi

sredstvo za dezinfekciju

xiao du ye

infekcija

gan ran

virus

bing du

HIV/ AIDS

ai zi bing

medicina

yao wu

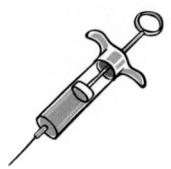

vakcinacija

jie zhong yi miao

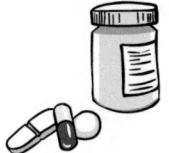

tablete

yao pian

pilula

yao wan

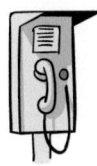

hitni poziv

ji jiu dian hua

aparat za mjerenje pritiska

xue ya ji

bolestan / zdrav

sheng bing/jian kang

Upomoć!

jiu ming!

alarm

jing bao

napad, prepad

tu ji

napad

gong ji

opasnost

wei xian

izlaz u slučaju opasnosti

jin ji chu kou

Požar!

zhao huo la!

vatrogasni aparat

mie huo qi

nezgoda

yi wai

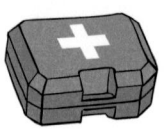

torba prve pomoći

ji jiu xiang

SOS

hu jiu xin hao

policija

jing cha

Europa

ou zhou

Sjeverna Amerika

bei mei zhou

Južna Amerika

nan mei zhou

Afrika

fei zhou

Azija

ya zhou

Australija

ao zhou

Atlantik

da xi yang

Pacifik

tai ping yang

Indijski okean

yin du yang

Antarktički okean

nan bing yang

Arktički okean

bei bing yang

Sjeverni pol

bei ji

Južni pol
....
nan ji

Antarktik
....
nan ji zhou

Zemlja
....
di qiu

zemlja
....
lu di

more
....
hai

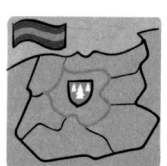

ostrvo
....
dao

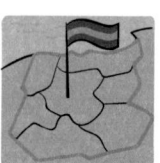

nacija
....
guo jia

država
....
guo jia

brojčanik sata

zhong mian

kazaljka sata

shi zhen

kazaljka minute

fen zhen

kazaljka sekunde

miao zhen

Koliko je sati?

xian zai ji dian?

dan

tian

vrijeme

shi jian

sada

xian zai

digitalni sat

dian zi biao

minuta

fen

sat

shi

ponedjeljak
zhou yi

MO

TU

utorak
zhou er

srijeda
zhou san

W

TH

četvrtak
zhou si

petak
zhou wu

FR

subota
zhou liu

SA

SO

nedjelja
zhou ri

juče
zuo tian

danas
jin tian

sutra
ming tian

jutro
zao chen

podne
zhong wu

veče
wan shang

radni dani
gong zuo ri

vikend
zhou mo

kiša
yu

duga
cai hong

snijeg
xue

vjetar
feng

proljeće
chun

jesen
qiu

ljeto
xia

zima
dong

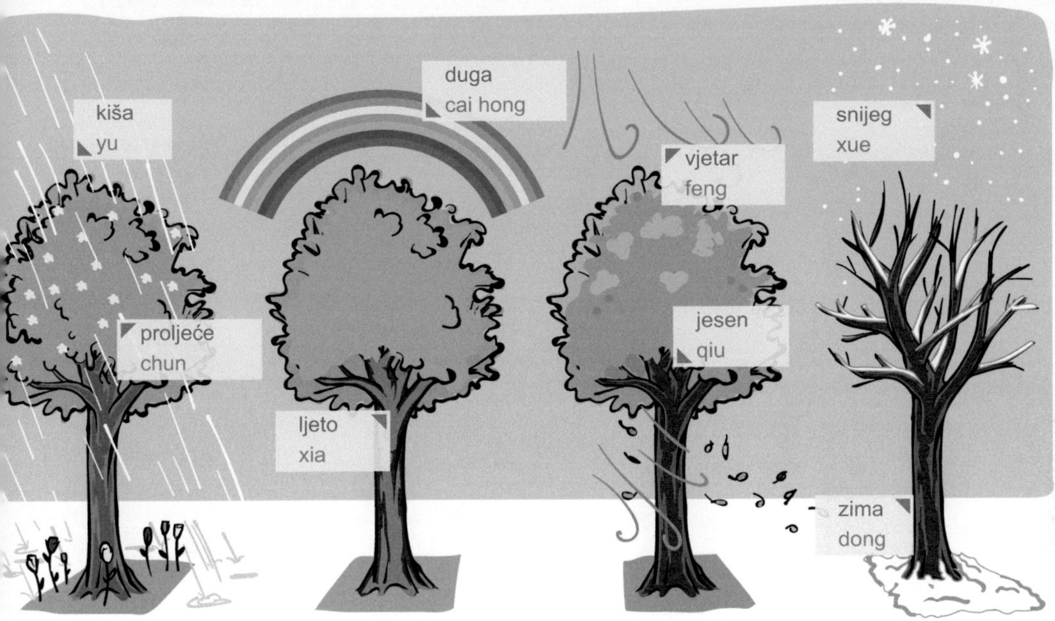

prognoza vremena

tian qi yu bao

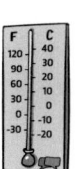

termometar

wen du ji

sunčev sjaj

yang guang

oblak

yun

magla

wu

vlažnost vazduha

chao shi

munja

shan dian

grom

da lei

oluja

feng bao

tuča, led

bing bao

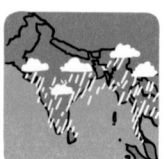

monsun

ji feng

poplava

hong shui

led

bing

januar

yi yue

februar

er yue

mart

san yue

april

si yue

maj

wu yue

juni

liu yue

juli

qi yue

avgust

ba yue

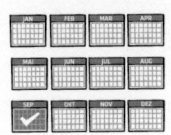

septembar
....
jiu yue

oktobar
....
shi yue

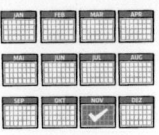

novembar
....
shi yi yue

decembar
....
shi er yue

oblici
xing zhuang

krug
....
yuan xing

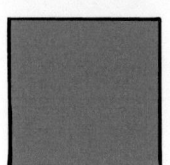

kvadrat
....
zheng fang xing

pravougao
....
chang fang xing

trougao
....
san jiao xing

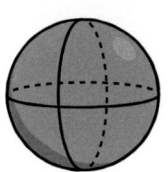

kugla
....
qiu ti

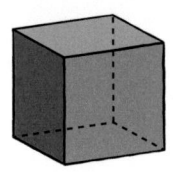

kocka
....
li fang ti

bjel
bai

žut
huang

narandžast
cheng

pink
fen

crven
hong

ljubičast
zi

plav
lan

zelen
lü

smeđ
zong

siv
hui

crn
hei

malo / mnogo

hen duo/shao xu

ljutit / miran

sheng qi/ping jing

lijep / ružan

mei/chou

početak / kraj

shou/wei

veliki / mali

da/xiao

svijetlo / tamno

ming/an

brat / sestra

xiong di/jie mei

čist / prljav

gan jing/ang zang

potpun / nepotpun

wan zheng/que shi

dan / noć

bai tian/wan shang

mrtav / živ

si/sheng

široko / usko

kuan/zhai

ukusno / neukusno

ke shi yong/fei shi yong

zao / prijatan

xie e/shan liang

uzbuđen / dosadan

xing fen/wu liao

debeo / mršav

pang/shou

najprije / najkasnije

di yi/zui hou

prijatelj / neprijatelj

peng you/di ren

pun / prazan

man/kong

trvd / mekan

ying/ruan

težak / lagan

zhong/qing

glad / žeđ

e/ke

bolestan / zdrav

sheng bing/jian kang

ilegalan / legalan

fei fa/he fa

inteligentan / glup

cong ming/yu ben

lijevo / desno

zuo/you

blizu / daleko

jin/yuan

nov / polovan
....
xin/jiu

ništa / nešto
....
mei you/you xie

star / mlad
....
lao/you

uključeno / isključeno
....
kai/guan

otvoreno / zatvoreno
....
da kai/he shang

tiho / glasno
....
an jing/chao nao

bogat / siromašan
....
fu/qiong

tačno / pogrešno
....
dui/cuo

hrapav / glatak
....
cu cao/guang hua

tužan / srećan
....
shang xin/gao xing

kratak / dug
....
duan/chang

spor / brz
....
man/kuai

mokro / suho
....
shi/gan

toplo / hladno
....
wen nuan/liang shuang

rat / mir
....
zhan zheng/he ping

0

nula

ling

1

jedan

yi

2

dva

er

3

tri

san

4

četiri

si

5

pet

wu

6

šest

liu

7

sedam

qi

8

osam

ba

9

devet

jiu

10

deset

shi

11

jedanaest

shi yi

12

dvanaest

shi er

13

trinaest

shi san

14

četrnaest

shi si

15

petnaest

shi wu

16

šesnaest

shi liu

17

sedamnaest

shi qi

18

osamnaest

shi ba

19

devetnaest

shi jiu

20

dvadeset

er shi

100

sto

bai

1.000

hiljada

qian

1.000.000

milion

bai wan

engleski

ying yu

američki engleski

mei shi ying yu

kinesko mandarinski

pu tong hua

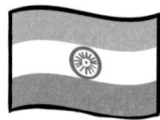

hindi

yin di yu

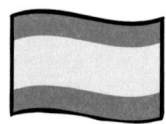

španski

xi ban ya yu

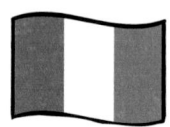

francuski

fa yu

arapski

a la bo yu

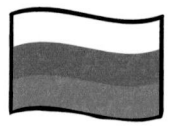

ruski

e yu

portugalski

pu tao ya yu

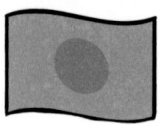

bengalski

feng jia la yu

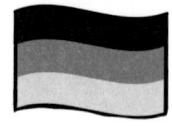

njemački

de yu

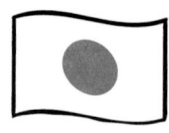

japanski

ri yu

ja
wo

ti
ni

on / ona / ono
ta/ta/ta

mi
wo men

vi
ni men

oni
ta men

ko?
shei?

šta?
shen me?

kako?
zen yang?

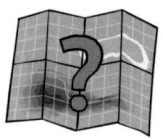

gdje?
na li?

kada?
shen me shi hou?

ime
ming zi

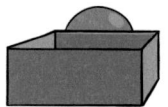

iza

hou mian

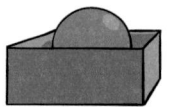

u

li mian

pred

qian mian

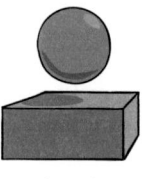

iznad

shang fang

na

shang mian

ispod

xia mian

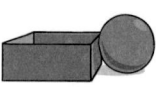

pored

pang bian

između

zhong jian

mjesto

di dian